Petit Lapin Blanc
passe une bonne semaine

1. Petit Lapin Blanc
à la maternelle

2. Petit Lapin Blanc
est un coquin

3. Petit Lapin Blanc
veut sa maman

Petit Lapin Blanc
pour
grandir tendrement

4. Petit Lapin Blanc
à la piscine

5. Petit Lapin Blanc
fête son anniversaire

6. Petit Lapin Blanc
est malade

7. Petit Lapin Blanc
chez ses grands-parents

8. Petit Lapin Blanc
a une petite sœur

9. Petit Lapin Blanc
prend le train

Petit Lapin Blanc
passe une bonne semaine

Marie-France Floury
Fabienne Boisnard

Gautier · Languereau

C'est lundi : Maman a promis
un tour de manège.
Petite Sœur monte sur le cochon.
Petit Lapin Blanc préfère le camion !

Mardi, rendez-vous
chez le docteur Groseille.
Petite Sœur a bien grandi,
des pieds, des bras, et des oreilles !

Mercredi, c'est l'anniversaire
des copains de Petit Lapin Blanc,
les jumeaux Ludovic et Roméo.
Tout le monde est là pour faire la fête.
Et il y a beaucoup de cadeaux !
Deux châteaux, deux bateaux,
et deux gâteaux !

Jeudi, après l'école, direction le square !
Petit Lapin Blanc cherche
son copain Moustache,
pour jouer à cache-cache.
Petite Sœur préfère manger une glace.

Vendredi, c'est jour de marché.
Petit Lapin Blanc va faire les courses
avec Maman.
Ils achètent des carottes, des tulipes
et des cerises.
Madame Biquette félicite Petite Sœur,
elle est si sage !

Enfin samedi !
Toute la famille de Petit Lapin Blanc
part se promener en forêt.
Papa et Petite Sœur fabriquent
une cabane.

Maman cueille des champignons.
Petit Lapin Blanc se cache derrière
un gros buisson.
« Maman ! Tu ne devineras jamais
où je suis ? »

Dimanche, Papy et Mamie emmènent les enfants au guignol.
C'est l'histoire d'un Petit Lapin Banc...
qui réveille le loup en jouant de la trompette !
« C'est chouette, hein, Mamie ! »

Enfin le soir !
Après toutes ces activités,
Petit Lapin Blanc aura bien mérité
de se reposer.
D'ailleurs, chut ! Il dort déjà !

Directeur, **Frédérique de Buron**
Directeur éditorial, **Brigitte Leblanc**
Directeur artistique, **Maryvonne Denizet**
Maquette, **Véronique Tessier**
Secrétariat d'édition, **Caroline Noudelmann**
Fabrication, **Virginie Vassart-Cugini**

© 2008, Hachette Livre / Gautier-Languereau
ISBN : 978.2.01.226310.9
Dépôt légal août 2011 – édition 03
Loi n°49-956 du 16 juillet 1949
sur les publications destinées à la jeunesse
Imprimé par Tien Wah Press en Malaisie

10. Petit Lapin Blanc
et la baby-sitter

11. Petit Lapin Blanc
se fâche

12. Petit Lapin Blanc
fait un spectacle

Petit Lapin Blanc
pour
grandir tendrement

13. Petit Lapin Blanc
et le pipi au lit

14. Petit Lapin Blanc
dort chez César

15. Petit Lapin Blanc
est jaloux

16. Petit Lapin Blanc
se perd

17. Petit Lapin Blanc
fait les courses

18. Petit Lapin Blanc
passe une bonne semaine